Flugware

Geflügel leicht und lecker genießen

Elisabeth Bangert

Flugware

Geflügel leicht und lecker genießen

EDITION XXL

Vorwort

Geflügel wird in unserer Küche immer beliebter. Kein Wunder, denn es ist nicht nur preiswert, sondern sehr schmackhaft und dazu auch noch gesund. Geflügelfleisch ist eiweißreich und enthält viel Vitamin C sowie Vitamine der B-Gruppe. Sein Cholesteringehalt kann als gering bezeichnet werden. Selbst die in der Regel als fett verschrienen Gänse haben den Vorteil, dass in ihrem Fett der Anteil an ungesättigten Fettsäuren sehr hoch ist. Bei Geflügel konzentriert sich das Fett unter der Haut. Wenn man dieses vor oder nach dem Zubereiten entfernt, reduziert sich der Fettgehalt erheblich.

Ob Hähnchen, Ente, Gans oder Fasan – schon beim Kauf kann man auf die Anzahl der Personen achten und danach die Größe des Tieres wählen. Bei Geflügel sollte man frei laufende Tiere bevorzugen. Sie sind zwar etwas teurer, dafür aber besser im Geschmack.

Für Geflügel gibt es in Deutschland strenge Kontrollen. Wenn die Herkunftskennzeichnung D/D/D/ auf dem Etikett aufgedruckt ist, können Sie sicher sein, dass das Geflügel in Deutschland geschlüpft ist, hier aufgezogen und geschlachtet wurde.

Hähnchen gehören natürlich zu den Favoriten im Einkaufskorb. Sie sind einfach zuzubereiten und vielseitig zu verwenden.

Entdecken Sie die vielfältigen Möglichkeiten, die sich Ihnen bei der Zubereitung von Geflügel eröffnen: schnelle und einfache Rezepte werden Ihnen in diesem Buch geboten, aber auch anspruchsvollere und klassische wie z. B. die gefüllte Weihnachtsgans.

Lassen Sie sich beflügeln.
Ihre Elisabeth Bangert

Inhalt

Ratgeber Geflügelarten

Hähnchen/Poularde

Es gibt eine Vielzahl von Hühnervögeln. Das Hähnchen ist mit Abstand das bekannteste Geflügel. Ursprünglich stammt es aus Indien, wo es bereits 3000 v. Chr. als Haustier gehalten wurde. Es handelt sich bei „Hähnchen" nicht, wie man annehmen mag, nur um männliche Tiere. Man versteht darunter Tiere, die ein bratfertiges Gewicht zwischen 700 g bis 1 200 g haben. Hähnchen über 1 200 g werden als Poularde bezeichnet.

Truthahn/Pute

Die Pute ist der weibliche Truthahn. Truthühner sind mit den Fasanen verwandt und in Mexiko und Texas heimisch. Zu Beginn des 16. Jahrhunderts wurden die ersten Truthähne nach Spanien gebracht und von dort über ganz Europa verbreitet. Junge Puten werden vor der Geschlechtsreife geschlachtet. Puten sind Hennen, die ca. 15 bis 16 Wochen alt sind. Puter dagegen haben eine Mastdauer von bis zu 24 Wochen. Sie können bis zu 18 kg auf die Waage bringen.

Perlhuhn

Schon bei den alten Römern waren die Perlhühner beliebte Delikatessen. Ihr Geschmack liegt zwischen Wild und Geflügel, das Fleisch ist fest und aromatisch. Es handelt sich ebenfalls um eine Fasanenart, die aus Afrika kommt. Sie werden heute hauptsächlich aus Frankreich importiert und werden erst geschlachtet, wenn sie ausgewachsen sind.

Ente

Die meisten Enten, die bei uns unter der Bezeichnung „Frühmastente" oder „Ente" auf den Markt kommen, gehören zu den weißen Pekingenten. Sie haben zartes Fleisch, sind aber nicht ganz mager. In der Beliebtheit sind ihnen die Flugenten, auch Barbarieenten genannt, knapp auf den Fersen. Die Flugenten stammen ursprünglich aus Südamerika, sie sind größer als die Pekingenten, die aus China stammen, und haben ein dunkleres, magereres Fleisch. In Fachgeschäften stößt man zudem manchmal auf die kleine, dunkle Rouen-Ente, die aus Frankreich kommt. Pekingenten haben in der Regel ein

Gewicht von 2 000 bis 2 500 g, Barbarie- oder Flugenten sind fleischiger und ähneln im Geschmack der Wildente. Ihr Bratgewicht liegt bei der weiblichen Ente ab 1 600 g, bei männlichen Tieren ab ca. 3 000 g.

Gans

Eine Gans reicht problemlos für 4–6 Personen. Doch gerade weil sie von so beachtlicher Größe ist, verschwindet sie immer mehr von den Speisezetteln, besonders in jungen Familien, die es weder mit der Menge noch mit der Gartechnik eines solchen Federviehs aufnehmen wollen. Die Angst, die manche junge Hausfrau vor dem Gänsebraten hat, ist ganz unbegründet, denn eine geschickt vorbereitete Gans bereitet sich mehr oder weniger von selbst zu. Bei uns ist die Gans der Winterbraten. Ab Oktober sind frische oder tiefgefrorene Gänse im Handel, aber erst ab dem Martinstag am 11. November geht es mit dem Gänseessen so richtig los. Der Hauptgrund: Uns schmeckt das nicht ganz so magere Fleisch erst richtig, wenn es draußen kalt geworden ist.

Fasan

Heute kann man das ganze Jahr Fasan als Tiefkühlware erhalten. Während der Jagdzeit von Oktober bis Mitte Januar gibt es auch frische Tiere zu kaufen. Ein junger Fasan wiegt etwa 1 000 g. Die weiblichen Vögel sind etwas leichter. Das Fleisch der Fasane ist sehr mager.

Rebhuhn

Rebhühner sind unser häufigstes Flugwild. Sie sind von Anfang September bis Ende November frisch und das ganze Jahr über in der Tiefkühltheke zu finden. Die etwa taubengroßen Vögel wiegen ca. 400 g und reichen jeweils für eine Person.

Wachtel

Mit gerade mal 200 g und etwa 18 cm Größe sind Wachteln die leichtesten Hühnervögel. Sie sind die einzigen echten Zugvögel unter den Hühnervögeln, die im Mai oft in großen Scharen in Mitteleuropa eintreffen. Für eine Person muss man schon zwei Wachteln rechnen. Die kleinen, feinen Vögel sind sehr schmackhaft.

Strauß

Der Strauß, der größte heute lebende Vogel, ist flugunfähig. Er wird über 2,50 m hoch und ist ein schneller Laufvogel (60 bis 70 km/h). Er bringt bis 150 kg auf die Waage. Inzwischen wird der Strauß auch in Deutschland in Gehegen gezüchtet. Sein Fleisch ist frisch oder in Tiefkühltheken zu finden. Es ist dunkel wie Rindfleisch und hat einen milden Geschmack.

Das müssen Sie beachten!

Gerade bei Geflügel ist Sauberkeit oberstes Gebot!

1. Frisches Geflügel ist ein leicht verderbliches Lebensmittel und muss deshalb schnellstens in den Kühlschrank. Gut zugedeckt kann man es bei + 4° C höchstens 4–5 Tage aufbewahren.

2. Bei TK-Ware sollte die Kühlkette höchstens zwei Stunden unterbrochen werden. Soll das Geflügel wieder in die Gefriertruhe, sind für den Transport Kühltaschen von Vorteil. Gefrorenes Geflügel hält sich ca. ein Jahr. Bei selbst eingefrorenem Geflügel muss man darauf achten, dass es nur etwa 6–8 Monate haltbar ist. Fettes Geflügel, wie z. B. Gans, kann nur etwa 4–5 Monate gelagert werden.

3. Tiefkühlware gehört zum Auftauen in den Kühlschrank. Das von jeglicher Plastikfolie oder Verpackung befreite Geflügel legt man in ein Sieb, damit die Auftauflüssigkeit abtropfen kann.

4. Nach dem Auftauen die Abtropfflüssigkeit sofort wegschütten, alles gut und vor allem heiß reinigen! Die Geräte und Arbeitsplatten, die mit dem rohen Geflügel in Berührung gekommen sind, ebenfalls gut reinigen!

5. Grundsätzlich alle Geflügelarten vor der Verarbeitung mit kaltem Wasser gründlich abwaschen und mit Küchenpapier trockentupfen.

6. Geflügel muss grundsätzlich durchgegart sein!

Es gibt viel zu Huhn!

Zutaten für 2 Personen

20 g Butter
20 g Mehl
125 ml Milch
250 ml Hühnerbrühe
250 g gegartes Hühnerfleisch
100 g Champignons
aus der Dose
100 g Erbsen aus der Dose
1 Glas Spargel
Worcestersoße
Salz
Pfeffer

1. In einem Topf die Butter schmelzen und das Mehl zufügen. Mit dem Schneebesen kräftig rühren und darauf achten, dass die Mehlschwitze hell bleibt.

2. Die Temperatur herunterschalten und die Mehlschwitze mit kalter Milch ablöschen.

3. So lange weiterrühren, bis eine dicke Soße entstanden ist. Mit Hühnerbrühe auffüllen und noch einmal kurz aufkochen.

4. Die Champignons abgießen und in Scheiben schneiden. Den Spargel abschütten und in Stücke schneiden.

5. Das Hühnerfleisch, die Champignons, die Erbsen und den Spargel in die Soße geben und erwärmen.

6. Mit Worcestersoße, Salz und Pfeffer abschmecken.

Es gibt viel zu *Huhn!*

Zutaten für 4 Personen

400 g Hähnchenbrustfilet
Salz
Pfeffer
40 g Butterschmalz

Für den Salat:
175 g rote Linsen
1 Kopf Friséesalat
300 g Chicorée

Für die Vinaigrette:
1/2 Bund Estragon
3 TL Essig-Essenz
(z. B. von Surig)
3 gestr. TL körniger Senf
6 EL Traubenkernöl
8 EL Gemüsebrühe
Salz
Pfeffer
1 Prise Zucker

1. Die Linsen in 1 Liter leicht gesalzenem Wasser köcheln lassen. Anschließend abgießen und in kaltem Wasser abschrecken.

2. Die Hähnchenbrustfilets pfeffern, salzen und in heißem Butterschmalz rundherum braten. Aus der Pfanne nehmen und 10 Minuten ruhen lassen. Die abgekühlten Filets in Scheiben schneiden.

3. Den Salat putzen, waschen und gut abtropfen lassen. Die Friséeblätter in Stücke zupfen. Den Chicorée halbieren, den bitteren Kern keilförmig herausschneiden, die einzelnen Blätter herauslösen und zerkleinern.

4. Für die Vinaigrette den Estragon waschen und trockentupfen. Die Blättchen von den Stielen zupfen und fein hacken. Essig-Essenz, Senf, Öl, Gemüsebrühe und Gewürze verrühren und kräftig abschmecken.

5. Sämtliche Salatzutaten in einer Schüssel mischen und die Vinaigrette darüber geben.

Tipp:
Mit knusprigem Baguette servieren.

Hähnchenbrustfilet mit rotem Linsensalat

Es gibt viel zu *Huhn!*

Zutaten für 4 Personen

400 g Hähnchenbrustfilet
Salz
bunter, grob geschroteter
Pfeffer
Paprikapulver (mild)
2 EL Speiseöl

Für den Salat:
1 Avocado
6 Kiwis (Zespri Green)
2 Nektarinen
2 Orangen

Für die Vinaigrette:
3 EL Zitronensaft
Salz
Pfeffer
Zucker
3 EL Traubenkernöl

1. Die Avocado schälen und halbieren. Das Fruchtfleisch vom Stein lösen und würfeln. Kiwis schälen, halbieren und in grobe Stücke schneiden. Die Nektarinen waschen, halbieren, den Stein herauslösen und das Fruchftleisch in Spalten schneiden. Die Orangen schälen und filetieren, dabei den Saft auffangen. Alles dekorativ auf Tellern anrichten.

2. Die Hähnchenbrustfilets waschen, trockentupfen und mit Salz, Pfeffer und Paprikapulver würzen. Im erhitzten Öl goldbraun braten.

3. Für die Vinaigrette den aufgefangenen Orangen- sowie den Zitronensaft mit Salz, Pfeffer und Zucker abschmecken. Das Öl unterschlagen und den Salat damit beträufeln.

4. Die Hähnchenbrustfilets in Tranchen schneiden und dekorativ auf dem Salat anrichten.

Tipp:
Nach Wunsch mit einigen Blättern Frisée sowie Kiwischeiben garniert servieren.

Geflügel-Obst-Salat

Es gibt viel zu **Huhn**!

Zutaten für 4 Personen

8 Hühnerkeulen
4 EL Mehl
1 EL Paprikapulver
Salz, Pfeffer

Für den Bierteig:
150 g Mehl
1 Ei
1 Eigelb
125 ml Bier (z. B. Pils)
Salz
Pfeffer
Butterschmalz zum
Ausbacken

1. Das Mehl, das Ei und das Eigelb mit dem Bier zu einem glatten, nicht zu dünnen Teig verrühren. Mit Salz und Pfeffer abschmecken, etwas ruhen lassen.

2. Die Hühnerkeulen waschen und mit einem Küchentuch trockentupfen. Mit Paprikapulver, Salz und Pfeffer würzen.

3. Die Hühnerkeulen in Mehl wälzen, durch den Bierteig ziehen, sofort ins mäßig heiße Butterschmalz geben und schwimmend ca. 15 Minuten goldgelb ausbacken.

4. Die Keulen mit einer Grillsoße auf Salat servieren.

18

Es gibt viel zu *Huhn!*

Zutaten für 4 Personen

1 Brathähnchen
Salz
Pfeffer
2 EL Olivenöl

Für das Curry:
1 Banane
1 Apfel
1/2 Zitrone (Saft)
1 kleine Dose Mandarinen
1 kleine Dose Sauerkirschen
1 Becher süße Sahne
Salz
Pfeffer
3 EL Curry

1. Das Hähnchen zerlegen und mit Salz und Pfeffer gut einreiben.

2. Die Banane schälen, in Scheiben schneiden und mit Zitronensaft beträufeln.

3. Den Apfel schälen, das Kerngehäuse entfernen, in kleine Stücke schneiden und ebenfalls mit Zitronensaft beträufeln.

4. Den Wok ohne Öl stark erhitzen, dann erst das Öl zugeben. Die Hähnchenteile darin ca. 15–20 Minuten knusprig braten.

5. Während das Hähnchen von allen Seiten anbrät, die Dosen öffnen und die Früchte durch ein Sieb abschütten. Den Saft dabei in Gläsern auffangen.

6. Sind die Hähnchenteile gar, das Gitter in den Wokrand einhängen und die Fleischteile darauf ablegen.

7. Die Äpfel, Mandarinen und Sauerkirschen in den Wok geben und 2–3 Minuten dünsten lassen. Nach dieser Zeit die Banane zugeben und die Früchte weitere 2 Minuten unter leichtem Rühren dünsten, die Temperatur etwas reduzieren.

8. Die Sahne angießen, das Ganze mit Salz, Pfeffer und Curry kräftig würzen.

9. Die Hähnchenteile zusammen mit dem Früchtecurry auf vorgewärmten Tellern anrichten und mit Reis servieren.

Curryhuhn mit Früchten

Es gibt viel zu *Huhn*!

Zutaten für 4 Personen

200 g Strudelteig (TK)
(ergibt ca. 16–20 Taschen)
1 Eiweiß
Salz
Pfeffer

Für die Füllung:
1 rote Paprikaschote
1 Kartoffel (150 g)
1 Knoblauchzehe
1 großer Zweig Rosmarin
200 g Hühnerbrustfilet
250 g Butterschmalz

Für den Dip:
150 g Crème fraîche
1 TL Senf
1 Bund Schnittlauch

1. Die Paprikaschote waschen, entkernen und die weißen Trennhäute entfernen. Das Fruchtfleisch in kleine Würfel schneiden. Die Kartoffel schälen und ebenfalls in kleine Würfel schneiden. Die Knoblauchzehe schälen, die Rosmarinnadeln abzupfen, beides zusammen fein hacken.

2. Das Hühnerfleisch erst in Scheiben, dann in dünne Streifen schneiden. In einer Pfanne mit Deckel einen Esslöffel Butterschmalz erhitzen, Gemüse, Knoblauch und Rosmarin darin zugedeckt und bei milder Hitze 15 Minuten dünsten.

3. Gleich zu Beginn salzen, damit das Gemüsewasser leichter austreten kann. Falls die Flüssigkeit nicht reicht und das Gemüse anzubraten beginnt, können Sie einige Esslöffel Wasser hinzugeben.

4. Nach 15 Minuten den Deckel abnehmen, Das Hühnerfleisch zum Gemüse geben und unter Rühren 2–3 Minuten fertig garen. Vom Herd nehmen und mit Salz und Pfeffer abschmecken.

5. Den Strudelteig auf der Arbeitsfläche auslegen, in Rechtecke mit je ca. 9 auf 12 cm Kantenlänge schneiden. Das Eiweiß mit einem Esslöffel Wasser verquirlen und die Teigränder damit einstreichen. Jeweils einen gehäuften Esslöffel Füllung auf jedes Teigstück legen, einmal zusammenfalten und die Ränder leicht andrücken.

6. In einer großen Pfanne oder einem breiten, flachen Topf das Butterschmalz erhitzen. Immer nur fünf oder sechs Teigtaschen auf einmal ausbacken, damit das Fett nicht zu stark abkühlt. Jeweils nach zwei Minuten wenden und weitere zwei Minuten fertig backen. Die Strudelteigtaschen mit Schnittlauch-Dip servieren.

Es gibt viel zu *Huhn!*

Zutaten für 4 Personen

100 g deutsche Butter
2 Hähnchenbrüste à 300 g
(mit Haut, ohne Knochen)
Salz
Pfeffer
500 g Champignons
40 g Mehl
1/2 l Milch
Muskatnuss
1 Fleischbrühwürfel
(für 1/2 l Flüssigkeit)
50 g geriebener Zwieback
einige Stängel glatte Petersilie

1. Die Hähnchenbrüste in 40 g Butter 10–15 Minuten braten, aus der Pfanne nehmen, mit Salz und Pfeffer würzen. Das Geflügelfleisch schräg in Scheiben schneiden. Auf vier Portions-Gratinpfännchen verteilen.

2. Die Champignons putzen, waschen, vierteln oder in Scheiben schneiden. Im Bratfett der Hühnerbrüste in 5–6 Minuten bräunen, um die Fleischscheiben herum anrichten.

3. Restliche Butter in einem Topf schmelzen. Das Mehl einrühren, mit Milch auffüllen, gut durchkochen lassen. Mit Salz, Pfeffer, geriebener Muskatnuss und zerbröseltem Fleischbrühwürfel würzen.

4. Die dickliche Soße über Fleisch und Pilzen verteilen. Mit Zwiebackbröseln bestreut im vorgeheizten Backofen bei 220° C ca. 10 Minuten gratinieren. Vor dem Servieren mit gewaschenen, gezupften Petersilienblättchen bestreuen.

Tipp:
Dieses Rezept eignet sich besonders gut, wenn viele Gäste zu bewirten sind. Einfach die Zutaten verdoppeln oder verdreifachen und in einer großen Auflaufform zubereiten. Gegebenenfalls die Garzeit etwas verlängern.

Überbackene Geflügel-Pilz-Pfännchen

Es gibt viel zu *Huhn!*

Zutaten für 4 Personen

4 große Hähnchenbrustfilets

Für die Füllung:

80 g Aprikosen aus der Dose
80 g Mandelstifte
(z. B. kalifornische)
250 g trockene Brötchen
3 Eier
100 g Staudensellerie
100 g Zwiebeln
1/2 Bund frischer Koriander
10 g Knoblauch
100 ml Geflügelbrühe
1 EL Butter
Salz
Pfeffer

Für die Glasur:

20 g Honig
Saft von 1/2 Orange

Für die Salsa:

1/4 einer mittelgroßen Ananas
1 roter Apfel
1 Paprikaschote
2 Limonen
1 Schalotte
1/2 Bund frischer Koriander
2 EL Olivenöl

1. Die Hähnchenbrustfilets waschen und trockentupfen. Am schmalen Ende vorsichtig eine Tasche in das Hähnchenbrustfilet schneiden. Brötchen in kleine Stücke schneiden, mit den Mandeln und dem gehackten Koriander in eine Schale geben.

2. Zwiebeln, Sellerie, Aprikosen und Knoblauch fein würfeln. In einer Pfanne kurz mit einem halben Esslöffel Butter anschwitzen. Die Geflügelbrühe dazugeben. Die Eier in die noch warme Gemüsemischung geben und verschlagen. Danach alles in die Schüssel mit Mandeln und Brötchen füllen, untermengen.

3. Mithilfe eines Spritzbeutels die Masse ohne Tülle in die Filets spritzen. Die Hähnchenbrustfilets in Olivenöl anbraten und im Ofen bei 180° C 18 bis 25 Minuten garen. Währenddessen immer wieder mit Orangensaft und Honig glasieren.

4. Aus der restlichen Füllung mit zwei Esslöffeln Nocken formen. Diese in einer Pfanne mit einem halben Esslöffel Butter kurz anbraten und als Beilage servieren.

5. Für die Salsa Ananas, Apfel, Paprikaschote und Schalotte in kleine Würfel schneiden. Mit Olivenöl, klein geschnittenem Koriander und Limonensaft mischen. Nach Geschmack mit Salz und Pfeffer würzen. Die Hähnchenbrustfilets mit der Salsa und den Nocken auf Tellern anrichten.

Hähnchenbrustfilets mit Aprikosen-Mandel-Füllung auf Salsa

Es gibt viel zu *Huhn!*

Zutaten für 6 Personen

**3 kleine Hähnchen
(ca. à 650 g)
125 ml Teriyaki
(z. B. von Kikkoman)
1 EL abgeriebene, unbehandelte Zitronenschale
1 EL Zitronensaft
2 durchgepresste
Knoblauchzehen
1/4–1/2 TL Cayennepfeffer
1–2 EL gehacktes
Koriandergrün**

1. Die Hähnchen von Bürzel und Hals befreien. Anschließend am besten mit einer Geflügelschere der Länge nach halbieren, waschen und mit Küchenkrepp trockentupfen.

2. Brust und Keule trennen und die Stücke in einen großen Gefrierbeutel geben. Teriyaki, Zitronenschale und -saft, Knoblauch und Cayennepfeffer mischen und über das Geflügel geben.

3. Die Luft aus dem Beutel pressen und den Beutel gut verschließen, dann wenden, damit das Fleisch überall von der Marinade bedeckt wird.

4. Mindestens acht Stunden, an besten über Nacht ziehen lassen.

5. Zunächst die Keulen auf dem geölten Rost oder dem heißen Grill 10 Minuten grillen, dann die Bruststücke dazulegen und weitere 5–10 Minuten grillen, mindestens so lange, bis das Fleisch innen nicht mehr rosa ist.

6. Die Hähnchenteile auf eine Servierplatte legen und sofort mit Koriandergrün bestreuen.

Teriyaki-Poulet vom Grill auf thailändische Art

Parade der Poularde!

Zutaten für 4 Personen

20 g schwarze Trüffel im Fond
1 Glas Trüffelbutter
(z. B. von Meggle)
Salz
Pfeffer
1 Freilandpoularde

Für die Füllung:
1 kleine Dose Sauerkraut
1/2 l Geflügelbrühe
Zucker
4 Lorbeerblätter
2 Nelken
einige Wacholderbeeren
Pfefferkörner
Senfkörner

Für das Gemüse:
300 g Rosenkohl
300 g Topinambur
2 Rosmarinzweige
2 Thymianzweige
2 Knoblauchzehen
100 g Alpenbutter
(z. B. von Meggle)
2 cl Pflanzenöl

1. Zuerst die Trüffel in ca. 1 1/2 mm dicke Scheiben schneiden, mit Trüffelbutter anschwitzen, salzen, pfeffern und unter die Poulardenhaut schieben. Die restlichen Trüffel klein hacken und mit dem Sauerkraut wie folgt verkochen.

2. Das Sauerkraut mit der Gemüsebrühe, Salz, Pfeffer, Zucker und dem Gewürzbeutel (Lorbeerblätter, Nelken, Wacholderbeeren, Pfefferkörner, Senfkörner), den Trüffeln und der Trüffelbutter so lange kochen, bis keine Flüssigkeit mehr vorhanden ist.

3. Die Poularde innen und außen mit Salz und Pfeffer einreiben und das Kraut in die Poularde füllen. Die Poularde so binden, dass das Kraut nicht mehr herausfallen kann.

4. Nun die Poularde rundum anbraten und bei 200° C ca. 45–60 Minuten im Ofen garen. Den Rosenkohl putzen und in Salzwasser sehr weich kochen.

5. Den Topinambur in ca. 2–3 mm dicke Scheiben schneiden und mit Rosmarin, Thymian und den klein gehackten Knoblauchzehen im Bratensatz der Poularde goldgelb anschwitzen, salzen, pfeffern und die Alpenbutter zugeben.

6. Vor dem Servieren den Rosenkohl hinzufügen.

Trüffelige Winterpoularde

Truthahn? Hört sich gut an!

Zutaten für 6–8 Personen

Für die Mandelkruste:
300 g Toast oder Maisbrot
250 ml Milch
3 Eier, 2 Stängel Majoran
150 g getrocknete Aprikosen
150 g ganze kalifornische
Mandeln ohne Haut
4 Schalotten
3 Stängel Staudensellerie
2 EL Butter
Salz, Pfeffer
Muskatnuss, Zimt

Für den Braten:
500 g Zwiebeln
250 g Möhren
1 Stange Lauch
1 ganze Truthahn- bzw.
Putenbrust (ca. 2 kg, ohne
Haut und Knochen)
3 EL Sonnenblumenöl
2 Zweige Thymian
2 Zehen Knoblauch
200 ml Weißwein
800 ml Hühnerbrühe
Salz, Pfeffer

1. Das Brot in Würfel schneiden und in eine Schüssel geben. Milch und Eier verquirlen, salzen und über die Brotwürfel gießen. Vorsichtig vermischen.

2. Die Majoranblättchen abzupfen, Aprikosen in kleine Stücke schneiden und beides mit den Mandeln in eine Schüssel geben. Schalotten schälen, Sellerie putzen, beides in Scheiben schneiden und in Butter fünf Minuten dünsten. Mit Mandeln und Aprikosen mischen.

3. Den Backofen auf 200° C (Umluft 180° C) vorheizen. Zwiebeln schälen und vierteln, Möhren und Lauch waschen, putzen und in grobe Stücke schneiden.

4. Die Putenbrust mit Küchenkrepp trockentupfen. Den Bräter mit dem Sonnenblumenöl auf einer großen Platte erhitzen. Die Putenbrust von beiden Seiten ca. 10 Minuten goldbraun anbraten, erst danach salzen und pfeffern.

5. Gemüse, Knoblauch und Thymian zufügen und im Ofen 10 Minuten weiterbraten. Mit Weißwein ablöschen, kurz einkochen lassen und mit Brühe aufgießen. 20 Minuten weiterbraten, dabei immer wieder mit der Soße begießen.

6. In der Zwischenzeit die Zutaten für die Mandelkruste vorsichtig mischen und mit Salz, Pfeffer, etwas Muskat und einer Messerspitze Zimt abschmecken. Den Bräter aus dem Ofen nehmen und die Mandelkruste in einer ca. 3 cm dicken Schicht auf dem Braten verteilen, leicht andrücken und zurück in den Backofen schieben.

7. 1/2 Stunde fertig garen, dabei nicht mehr begießen. Die Kruste soll goldbraun sein. Falls nötig, in den letzten Minuten mit Alufolie zudecken, damit sie nicht zu dunkel wird.

8. Den fertigen Braten auf einem Blech im geöffneten und ausgeschalteten Backofen einige Minuten ruhen lassen. Die Soße durch ein Sieb in einen Topf gießen, abschmecken und kurz aufkochen. Den Braten am Tisch in Scheiben schneiden und mit der Soße servieren.

Tipp:
Dazu passen grüne Bohnen, Süßkartoffeln oder ein winterlicher Feldsalat.

Truthahn? Hört sich gut an!

Zutaten für 4 Personen

4 Truthahnschnitzel
100 g Mehl
2 Eier
150 g Mandelblättchen
Bratfett
1 Zwiebel
4 Karotten
1 kleine Dose Mais
200 g Erbsen
100 g Rucola
2 EL Butter
Salz
Pfeffer
50 ml Gemüsebrühe

1. Die Zwiebel schälen und fein hacken. Die Karotten waschen, schälen und in Streifen schneiden. Den Rucola verlesen, waschen und die harten Stiele abschneiden. Die Schnitzel mit Salz und Pfeffer würzen.

2. Das Mehl, die verquirlten Eier und die Mandelblättchen auf drei Tellern verteilen. Die Schnitzel nacheinander in Mehl, Eiern und Mandelblättchen wenden.

3. Die Zwiebel und die Karotten in der zerlassenen Butter andünsten. Dann Mais und Erbsen dazugeben, mit der Gemüsebrühe aufgießen und mit Salz und Pfeffer abschmecken. Das Gemüse warm stellen.

4. Bratfett in einer Pfanne erhitzen. Die Schnitzel darin bei geringer Hitze goldbraun braten, da sonst die Mandelblättchen verbrennen.

5. Den Rucola unter das Gemüse mischen und alles zusammen mit den Schnitzeln servieren.

Truthahnschnitzel mit Mandelkruste auf Sommergemüse

Pute, die Gute!

Zutaten für 4 Personen

Für den Salat:
1–2 Chicorée, 150 g Feldsalat
1 kleiner Kopf Friséesalat
60 ml Apfelessig
120 ml Rapsöl, Zucker, Pfeffer,
Salz, 1–2 kleine Karotten
1–2 kleine Zucchini
100 g Champignons
1–2 rote Zwiebeln, 2 Orangen

Für die Füllung:
1 kleiner Bund Rucola
1–2 kleine weiße Zwiebeln

Für die Putenbrust:
4 Putenbrustschnitzel zu je 120 g
1 EL mittelscharfer Senf
4 Scheiben roher Schinken
60 g Butterschmalz
50 g geröstete Sonnenblumen-
oder Kürbiskerne

1. Die Salate putzen, waschen und gut abtropfen lassen. Apfelessig und Rapsöl mischen, mit Zucker, Pfeffer und Salz abschmecken. Karotten schälen, die Zucchini waschen und mit einem Gemüsehobel in Stifte hobeln.

2. Die Champignons putzen, aber erst kurz vor dem Anrichten in Scheiben schneiden, damit sie nicht braun werden. Rote Zwiebeln schälen, halbieren und in dünne Scheiben schneiden.

3. Die Orangen mit einem scharfen Messer so schälen, dass die Filets sichtbar sind. Dann die einzelnen Filets längs von oben nach unten jeweils seitlich einschneiden und von der Haut lösen. Je nach Orangensorte eventuell Kerne entfernen.

4. Für die Füllung die weißen Zwiebeln schälen und zusammen mit dem Rucola fein hacken. Die Putenbrustschnitzel leicht plattieren und mit Salz und Pfeffer würzen. Mit dem Senf bestreichen und den Schinken auflegen. Darauf die Zwiebel-Rucola-Füllung gleichmäßig verteilen. Die Putenschnitzel aufrollen und mit einem Spieß feststecken oder mit Küchengarn umwickeln.

5. In einer Pfanne 40 g Butterschmalz erhitzen, die Puten-

bruströllchen von allen Seiten anbraten und im Backofen bei 180–190° C ca. 15 Minuten garen. Um eine gleichmäßige Bräunung zu erzielen, die Röllchen vor dem Einschieben in den Ofen mit dem restlichen Butterschmalz (Zimmertemperatur) bepinseln.

6. In der Zwischenzeit Zucchini- und Karottenstreifen in einem Teil des Dressings fünf Minuten marinieren. Die Salatblätter mit den Champignons, den roten Zwiebeln und dem restlichen Dressing in einer Schüssel gut vermischen.

7. Die Salatblätter auf einem Teller mittig anrichten. Mit den Gemüsestreifen und den Orangenfilets garnieren. Die Sonnenblumen- oder Kürbiskerne aufstreuen.

8. Die Putenbruströllchen vom Spieß oder Küchengarn befreien und in gleichmäßig dicke Scheiben schneiden. Abschließend die Scheiben rund um den Salat anrichten.

Putenbruströllchen mit Rucola-Füllung

Pute, die Gute!

Zutaten für 4 Personen

700–800 g kleine neue
Kartoffeln
Salz

Für die Soße:
250 g Butter (z. B. deutsche)
3 Eigelb
4 EL Weißwein
Saft von 1 Blutorange
Zucker
weißer Pfeffer

Für die Putenschnitzel:
20 g Butterschmalz
4 Putenschnitzel
(je 150–180 g, aus der Brust
geschnitten)
1 Bund Estragon

1. Die Kartoffeln waschen, in Salzwasser ca. 25 Minuten gar kochen und warm stellen.

2. Die Butter in einem Topf bei mittlerer Hitze schmelzen und kurz aufkochen, so dass kleine Blasen entstehen. Ca. 1 l Wasser in einem Kochtopf mittlerer Größe zum Kochen bringen.

3. Die Eigelb und den Weißwein in eine Metallschüssel geben und mit einem Schneebesen verrühren. Die Eiermasse über dem heißen Wasserdampf mit dem Schneebesen oder einem Handrührgerät 2–3 Minuten schaumig aufschlagen.

4. Die Schüssel aus dem Dampf nehmen und die noch warme, flüssige Butter tröpfchenweise nach und nach unterrühren. Den Blutorangensaft ebenfalls unterrühren und zum Schluss mit einer Prise Salz, Zucker und weißem Pfeffer abschmecken.

5. Butterschmalz in einer Pfanne erhitzen. Die Putenschnitzel waschen, mit Küchenkrepp abtupfen. Mit Salz und Pfeffer würzen und ca. drei Minuten von jeder Seite braten.

6. Putenschnitzel, Kartoffeln und die Blutorangen-Hollandaise auf vorgewärmten Tellern anrichten und mit den gewaschenen, trockengetupften und gezupften Estragonblättchen dekorieren.

Putenschnitzel mit Blutorangen-Hollandaise

Pute, die Gute!

Zutaten für 4 Personen

Für die Spieße:

24 (ca. 1 kg) kleine, fest kochende Kartoffeln
400 g Putenbrustfilet
2 kleine Zucchini (ca. 300 g)
4 EL Olivenöl
1 Knoblauchzehe
Salz
Pfeffer
8 Holzspieße

Für den Mandel-Paprika-Dip:

200 g gegrillte, rote Paprikaschoten (aus dem Glas)
40 g gehackte, kalifornische
Mandeln
1 Zwiebel
1 Knoblauchzehe
1/2 Bund Pfefferminze
2 EL Zitronensaft

1. Die Kartoffeln waschen und mit Schale 15 Minuten kochen lassen.

2. Die Paprikaschoten inzwischen in einem Sieb abtropfen lassen. Die Mandeln in einer beschichteten Pfanne ohne Fett goldbraun rösten. Währenddessen die Zwiebel würfeln und den Knoblauch hacken. Die Minze waschen, trockenschütteln und die Blättchen abzupfen.

3. Paprikaschoten, Mandeln, Zwiebel, Knoblauch und Zitronensaft im Mixer pürieren. Mit Salz und Pfeffer abschmecken. Den Dip abgedeckt beiseite stellen.

4. Die Kartoffeln abgießen, kurz abdämpfen lassen und pellen. Die Putenbrust in 16 gleich dicke Stücke schneiden. Die Zucchini waschen und ebenfalls in 16 gleich dicke Scheiben schneiden.

5. Je drei Kartoffeln, zwei Stücke Putenbrust und zwei Zucchinischeiben auf je einen Holzspieß stecken und die Spieße auf ein gefettetes Backblech legen.

6. Den Knoblauch durchpressen und mit dem Öl verrühren. Die Spieße damit rundherum bestreichen, salzen, pfeffern und im heißen Backofen bei 220° C auf der 2. Schiene von unten acht Minuten braten. Dabei einmal wenden.

7. Anschließend den Backofengrill zuschalten und das Blech in die oberste Schiene schieben. Die Spieße weitere fünf Minuten grillen, dabei einmal wenden. Mit dem Mandel-Paprika-Dip servieren.

Tipp: Sollten Sie nur große Zucchini bekommen, können Sie diese längs halbieren und dann in Scheiben schneiden.

Puten-Kartoffel-Spießchen mit Mandel-Paprika-Dip

Pute, die Gute!

Zutaten für 4 Personen

**1 Packung weiche
Weizentortillas (12 Stück)
100 g geriebener Käse**

Für die Füllung:
500 g Tomaten
1/2 Bund Minze
2 Knoblauchzehen
2 EL Jalapenochilis
1 kleine Stange Lauch
1 kleiner Kopfsalat
400 g Putenbrust
**80 ml Sojasoße
(z. B. von Kikkoman)**
3 EL Sonnenblumenöl
3 EL Rosinen
Salz
**1 Dose Mais
(Abtropfgewicht 125 g)**

1. Das Putenfleisch in dicke Scheiben schneiden, mit dem Knoblauch und der Sojasoße marinieren und eine Stunde ziehen lassen.

2. Die Tomaten kreuzförmig einschneiden, mit heißem Wasser überbrühen, häuten, entkernen und grob hacken.

3. Den Knoblauch und die Minze hacken, die Jalapenochilis und den Lauch in dünne Streifen schneiden, den Kopfsalat putzen, waschen und zupfen.

4. Die Chilis mit Minze in einem Topf mit 1 EL Sonnenblumenöl kurz anschwitzen. Die Tomaten und die Rosinen dazugeben und kurz aufkochen lassen, mit Salz abschmecken.

5. Das Putenfleisch aus der Marinade nehmen und mit 2 EL Öl in einer Pfanne anbraten. Den Lauch dazugeben und kurz dünsten, den Mais hinzufügen, mit der Marinade ablöschen und etwas einkochen lassen.

6. Die Tortillas nach Packungsanweisung erwärmen. Den Salat auf die Tortillas legen, die Putenbrust darauf geben und die Soße über die Putenbrust verteilen. Die Tortillas zuklappen und mit Käse bestreuen.

Tipp:
Für ein ganz typisch mexikanisches Menü sollten Sie versuchen, traditionelle Tortillas aus Maismehl zu bekommen!

Burritos mit Putenbrust und Rosinen

Pute, die Gute!

Zutaten für 4–6 Personen

1 ganze Putenbrust
(ca. 1 1/2 kg, ohne Haut
und Knochen)

Für die Füllung:

40 g Pinienkerne
200 g getrocknete Aprikosen
1 Bund glatte Petersilie
2 EL körniger Senf
1 TL Essig-Essenz
(z. B. von Surig)
2 EL Semmelbrösel, 1 Ei

Für die Marinade:

1 Bund Suppengemüse
1 Bund Thymian
250 ml Weißwein
3 EL Essig-Essenz
(z. B. von Surig), Pfeffer

Außerdem:

Salz
40 g Butterschmalz
200 ml Brühe
2 EL körniger Senf
150 g Schlagsahne
2 EL Soßenbinder hell
einige Zweige Kerbel

1. Die Putenbrust waschen und trockentupfen. In das Fleisch waagerecht eine tiefe Tasche schneiden.

2. Für die Füllung die Pinienkerne in einer beschichteten Pfanne goldbraun rösten, einige Kerne zum Verzieren beiseite legen. Die Aprikosen würfeln, die Petersilie waschen, trockentupfen und hacken.

3. Pinienkerne, Aprikosen, Petersilie, Senf, Essig-Essenz, Semmelbrösel und Ei miteinander mischen und in die Putenbrust füllen. Die Fleischtasche zunähen oder zustecken.

4. Das Suppengemüse putzen, waschen und klein schneiden, den Thymian waschen und trockentupfen. Die Putenbrust mit dem Suppengemüse in eine Auflaufform geben und den Thymian darüber streuen.

5. Weißwein, Essig-Essenz und Pfeffer verrühren. Über den Braten gießen und ca. drei Stunden marinieren. Den Braten zwischendurch ab und zu wenden.

6. Butterschmalz in einem Bräter erhitzen. Anschließend die Putenbrust aus der Marinade nehmen und trockentupfen, rundherum mit Salz und Pfeffer einreiben. Mit Marinade und Brühe ablöschen. Im Backofen bei 200° C oder Stufe 3 (Gas) ca. 60 Minuten braten. Die Putenbrust in Alufolie wickeln und 10 Minuten ruhen lassen.

7. Den Bratenfond durch ein Sieb gießen, mit Senf und Sahne aufkochen und mit Soßenbinder binden, abschmecken. Den Braten in Scheiben schneiden. Mit Kerbel und Pinienkernen verzieren. Mit jungen Möhren und Zuckerschoten servieren.

45

Pute, die Gute!

Zutaten für 4 Personen

**5 EL Sojasoße
(z. B. von Kikkoman)
1 EL Honig
4 dünne Scheiben Putenbrust**

Für die Füllung:
**2 Knoblauchzehen
2 Stangen Porree
3 EL Öl
50 g Erdnüsse
Pfeffer**

Außerdem:
**2 TL Speisestärke
1/2 l Brühe**

1. 4 EL Sojasoße und den Honig verrühren und eine Seite der Putenbrustscheiben damit bestreichen.

2. Die Knoblauchzehen abziehen und zerdrücken, den Porree putzen, waschen, in feine Scheiben schneiden und beides in einem EL Öl kurz anbraten. Die Erdnüsse zugeben und mit der restlichen Sojasoße und Pfeffer abschmecken.

3. Einen Teil des Gemüses auf dem Fleisch verteilen. Rouladen aufrollen, mit Rouladennadeln oder Zahnstochern feststecken und mit Speisestärke bestäuben.

4. Das restliche Öl erhitzen und die Rouladen darin von allen Seiten anbraten. Die Brühe angießen und das Ganze zugedeckt ca. 50 Minuten schmoren lassen.

5. Das übrige Gemüse kurz erhitzen und die Rouladen darauf anrichten.

Tipp:
Wer Erdnüsse nicht mag, kann die Füllung auch mit Pistazien, Mandeln oder Cashew-Kernen variieren.

Pikante Putenrouladen

Pute, die Gute!

Zutaten für 6 Personen

1 kleine Pute (ca. 2,2 kg)
Salz
frisch gemahlener Pfeffer

Für die Füllung:
200 g Dörrobst (Pflaumen,
Äpfel, Birnen, Aprikosen)
100 g Weißbrot
60 g Butterschmalz
100 ml Milch
1 TL Zimt
1 Ei

Außerdem:
2 Möhren
3 Zwiebeln
1 l Hühnerbrühe (Instant)
1–2 EL Soßenbinder
80 g Crème fraîche

1. Das Dörrobst in einen kleinen Topf geben, knapp mit Wasser bedecken und drei Minuten leicht kochen. Das Dörrobst in einem Sieb abtropfen lassen.

2. Die Pute abspülen (Beutel mit Innereien herausnehmen) und trockentupfen. Anschließend die Pute innen und außen mit Salz und Pfeffer würzen. Die Haut vom Hals etwas lösen und jeweils 25 g Butterschmalz auf jeder Brustseite zwischen Haut und Brustfleisch geben. Das Fleisch bleibt so schön saftig.

3. Für die Füllung das Weißbrot grob würfeln und im restlichen Butterschmalz anrösten. Das Dörrobst grob würfeln und mit den Weißbrotwürfeln mischen. Die Brot-Dörrobstmischung mit kochender Milch übergießen. Das Ei hinzufügen und alles verkneten. Mit Zimt, Salz und Pfeffer würzen.

4. Die Mischung in die Pute füllen und die Öffnung mit Küchengarn zunähen. Die Pute in die Fettpfanne des Backofens legen. Geschälte, geviertelte Zwiebeln, Möhrenstücke und einen halben Liter Hühnerbrühe hinzufügen.

5. In den auf 200° C vorgeheizten Backofen schieben und etwa zwei Stunden braten. Zwischendurch die Pute mit Bratenfond begießen und die restliche Hühnerbrühe zufügen. Die Pute aus der Fettpfanne nehmen und warm stellen.

6. Den Bratenfond in einen Topf geben, aufkochen und mit einem Pürierstab pürieren. Die Soße mit Salz und Pfeffer abschmecken und mit Soßenbinder binden. Mit Crème fraîche verfeinern und zur Pute servieren.

Kleine Pute mit Dörrobst-Brot-Zimt-Füllung

Und nun – gibt's Perlhuhn!

Zutaten für 4 Personen

4 Perlhuhnbrustfilets mit Haut
Salz
Pfeffer
2 EL Butterschmalz
6 Eiertomaten
2 kleine Auberginen
2 EL Olivenöl
2 EL Essig-Essenz
(z. B. von Surig)
1 EL gehackte
Oreganoblättchen

Außerdem:
ca. 800 g neue, kleine
Kartoffeln
Salz
ÖL

1. Die Tomaten waschen, halbieren. Die Auberginen in Scheiben schneiden. Die Tomatenhälften auf ein Backblech geben, mit Öl und Essig-Essenz beträufeln.

2. Mit Pfeffer und den gehackten Oreganoblättchen würzen. Im vorgeheizten Backofen 20 Minuten bei 180° C weich garen, danach salzen.

3. Die Kartoffeln gut waschen, trockentupfen und in Hälften oder Viertel teilen. In eine gefettete Auflaufform setzen, mit Salz bestreuen und mit Öl beträufeln. Im Backofen ca. 20–25 Minuten mitbacken.

4. In der Zwischenzeit die Auberginenscheiben in einer Grillpfanne in heißem Olivenöl braten. Salzen und pfeffern.

5. Die Perlhuhnbrustfilets salzen und pfeffern, im heißen Butterschmalz von beiden Seiten anbraten und anschließend auf der Hautseite noch etwa 10 Minuten schmoren.

6. Das Fleisch und das Gemüse auf vorgewärmten Tellern anrichten, mit dem Bratensaft beträufeln und mit Röstkartoffeln servieren.

Gebratene Perlhuhnbrust
mit Tomaten und Auberginen

Ente gut, alles gut!

Zutaten für 4 Personen

2 Entenbrustfilets à 250 g

Für die Wirsingbällchen:

15 g getrocknete Morcheln
1 kleiner Kopf Wirsing
100 g australische
Macadamianüsse
1 Bund Kerbel
1 Bund glatte Petersilie
150 g Frischkäse
Salz
Pfeffer
2 Schalotten
40 g Butterschmalz
200 ml süße Sahne
2 EL Soßenbinder, hell

1. Die Morcheln in kochend heißem Wasser einweichen. 10 Wirsingblätter vorsichtig einzeln ablösen, waschen und drei Minuten blanchieren. Nach dem Herausnehmen kurz mit kaltem Wasser abschrecken und auf ein sauberes Küchenhandtuch legen.

2. Die Macadamianüsse in einer Pfanne goldbraun rösten. Abkühlen lassen und grob hacken. Kerbel und Petersilie waschen, abtupfen und fein schneiden. Zwei blanchierte Wirsingblätter fein hacken. Den Frischkäse mit den Nüssen, den Kräutern, dem gehackten Wirsing, Salz und Pfeffer verrühren.

3. Von den Wirsingblättern die mittlere Rispe abschneiden. Jeweils zwei Blatthälften übereinander legen und auf die Mitte einen gehäuften EL Frischkäse-Macadamiafüllung geben. Die Seiten einschlagen, aufrollen und zu Bällchen formen.

4. Das Morchel-Einweichwasser durch ein Sieb abgießen, auffangen. Die Morcheln gründlich abbrausen. Die Schalotten schälen und würfeln und mit 20 g Butterschmalz in einem flachen, breiten Topf andünsten. Mit Morchelwasser und Sahne ablöschen. Die Morcheln hinzufügen und ca. 20 Minuten köcheln lassen.

5. Inzwischen die Entenbrustfilets waschen, abtupfen und die Haut diagonal einschneiden. Mit Salz und Pfeffer würzen und im restlichen Butterschmalz rundherum kräftig anbraten. Mit dem Bratfett und der Hautseite nach oben in eine flache Auflaufform geben und im vorgeheizten Backofen bei 225° C ca. 20 Minuten braten.

6. Währenddessen die Wirsingbällchen in die Morchelsoße geben und 10 Minuten dünsten, anschließend die Soße mit Soßenbinder binden.

7. Die Entenbrustfilets fünf Minuten ruhen lasen, dann in dünne Scheiben schneiden. Mit den Wirsingbällchen und der Morchelsoße servieren.

Tipp:
Als Beilage passt Kartoffelschnee.

Entenbrust mit Macadamia-Wirsingbällchen

Ente gut, alles gut!

Zutaten für 4 Personen

Für die Entenbrust:

2 Entenbrustfilets (ca. 700 g)
2 Knoblauchzehen
100 ml Sojasoße
100 ml trockener Sherry
100 g Honig
2 EL Öl

Für die Pflaumensauce:

1 EL Erdnussöl
1 Msp. gestoßener Koriander
1 Msp. Nelkenpulver
2 EL milder Weinessig
1 EL Zitronensaft
4 EL Pflaumenmus
Salz
Pfeffer
4 Kiwis
(z. B. von Zespri Gold)

1. Den Knoblauch schälen, hacken und mit Sojasoße, Sherry und Honig 10 Minuten köcheln lassen. Die Entenbrust in die erkaltete Marinade legen und über Nacht zugedeckt im Kühlschrank ziehen lassen.

2. Die Entenbrust gut trockentupfen und erst auf der Hautseite, dann auf der Fleischseite im heißen Öl insgesamt fünf Minuten braten. Die Haut mit Marinade bestreichen und die Entenbrustfilets in den auf 200° C vorgeheizten Backofen stellen. So lange braten, bis die Haut knusprig braun ist. Im abgeschalteten Backofen weitere 10 Minuten ruhen lassen.

3. Für die Soße das Erdnussöl erhitzen, Koriander und Nelkenpulver kurz darin anrösten. Mit Weinessig und Zitronensaft ablöschen. 6 EL Marinade und das Pflaumenmus einrühren, mit Salz und Pfeffer abschmecken und etwas einkochen lassen.

4. Die Kiwis schälen und in gleichmäßige Scheiben schneiden. Die Entenbrustfilets schräg in etwa 1 cm dicke Scheiben schneiden und auf den Kiwis anrichten. Mit der Pflaumensoße umgießen.

Tipp: Als Beilage gedämpften Basmati-Reis und Brokkoliröschen servieren.

Marinierte Entenbrust mit Pflaumensoße

Ente gut, alles gut!

Zutaten für 4 Personen

**ca. 2 kg Ente
(z. B. Keule und Brust)
Salz
Pfeffer
1/2 l Geflügelfond (aus dem
Glas oder selbst gekocht)
4 Schalotten
1 Zweig Thymian
3 Orangen (unbehandelt)
3 EL Zucker
1 TL Speisestärke**

1. Die Ententeile waschen und abtrocknen, restliche Federkiele herausziehen. Rundherum mit Pfeffer und Salz einreiben und auf einen Bratrost über eine mit kaltem Wasser gefüllte Saftpfanne setzen. Im heißen Backofen bei 180° C knapp zwei Stunden braten.

2. In der Zwischenzeit den Fond mit den halbierten, geschälten Schalotten und dem Thymianzweig auf etwa die Hälfte einkochen lassen.

3. Die Orangen rundherum sehr dünn schälen, nur das Orange der Schale verwenden, nicht die weißen Teile. Schale in feine Streifen schneiden, in kochendem Wasser blanchieren und mit kaltem Wasser abschrecken.

4. Die Orangen auspressen. In einem Topf den Zucker schmelzen und die Orangenschalenstreifen darin wenden. Den Orangensaft zugeben und das Karamell damit loskochen.

5. Die Speisestärke in etwas Wasser glatt rühren. Kurz vor dem Servieren den Orangensaft mit den Schalen zum Fond geben, aufkochen lassen, mit Pfeffer und Salz abschmecken, mit der Speisestärke binden und zu den Ententeilen servieren.

Tipp:
Dazu passen Reis mit Orangenfilets und Endiviensalat.

Ente *gut, alles gut!*

Zutaten für 4 Personen

2 Entenbrüste (à 300 g)

Für den Reis:
4 Tomaten
6 Frühlingszwiebeln
200 g Champignons
100 ml Brühe (Instant)
5 cl Portwein
1 EL Mehl
60 g Knoblauchbutter
(z. B. von Meggle)
Salz
Pfeffer
150 g Reis
1 Becher (ca. 100 g)
Kräuterbutter mit frischen
Gartenkräutern (z. B. von
Meggle)

1. Die Entenbrüste waschen, trockentupfen und das Brustfett in feine Streifen und das Fleisch in Scheiben schneiden. Die Tomaten und die Frühlingszwiebeln in etwa 5 cm lange Stücke schneiden. Die Pilze putzen und in Scheiben schneiden.

2. Das Entenfett in einer Pfanne auslassen. Die Entenbrustscheiben dazugeben und rundherum anbraten. Das Gemüse und die Pilze zufügen und fünf Minuten dünsten. Mit Brühe und Portwein ablöschen.

3. Das Mehl mit etwas Wasser anrühren und die Soße damit binden. Das Geschnetzelte mit Knoblauchbutter verfeinern, mit Salz und Pfeffer abschmecken.

4. Den Reis kochen und mit der Hälfte der Kräuterbutter vermischen. Den Reis auf Tellern verteilen und das Entengeschnetzelte darauf anrichten.

5. Kräuterbutterflocken aus der restlichen Kräuterbutter formen und darauf zerschmelzen lassen. Nach Wunsch mit Schnittlauch und Petersilie garnieren.

Entengeschnetzeltes im Kräuterreisbett

Ente gut, alles gut!

Zutaten für 4–6 Personen

1 Ente (ca. 2 kg)
1 Bund Suppengrün
je 1 TL schwarzer Pfeffer und
Pimentkörner
1 EL Geflügelbrühpulver
200 g entsteinte halbierte
Backpflaumen
200 ml Sojasoße
(z. B. von Kikkoman)
je 150 g gewürfelte Karotten,
Lauch und Sellerie
1 EL frisch gehackter
Koriander

Für die Grießgnocchi:

150 g gekochte und durch-
gedrückte Kartoffeln, erkaltet
50 g Mehl
100 g Hartweizengrieß
Salz

1. Die Backpflaumen einen Tag zuvor in die Sojasoße einlegen.

2. Für die Grießgnocchi alle Zutaten zu einem glatten Teig kneten, zu fingerdicken Rollen formen und diese in 1 cm dicke Scheiben schneiden. In kochendem Salzwasser kurz aufkochen lassen und kalt abschrecken.

3. Die Ente waschen, in einem entsprechend großen Topf mit ca. 3 l Wasser ansetzen. Wenn es anfängt zu kochen, die Gewürze und das Suppengrün zugeben und die Ente ungefähr eine Stunde köcheln lassen.

4. Anschließend aus dem Topf nehmen, die Brühe passieren und mithilfe eines Soßenlöffels überschüssiges Fett abschöpfen, ein wenig Fett davon aufbewahren. Das Fleisch enthäuten, von den Knochen lösen und würfeln.

5. Das Gemüse in 1 EL Entenfett leicht anschwitzen, mit 1 l Brühe und dem Backpflaumen-Sojafond auffüllen, weich kochen. Kurz vor Garende Ente, Backpflaumen und die Grießgnocchi zugeben, den Koriander einstreuen.

Enteneintopf mit Backpflaumen und Grießgnocchi

Ente gut, alles gut!

Zutaten für
2 Enten von insgesamt ca. 5 kg

Zum Pökeln:
3 l Wasser
400 g Salz
80 g Zucker
2 1/2 TL Ascorbinsäure oder
Pökelsalz

Für die Gemüseplatte:
ca. je 300 g Lauch, Karotten,
Spargel und Blumenkohl
Salz
2–3 EL Butter

1. Die Enten halbieren und die Zutaten für die Pökellake kochen oder auch kalt zusammenrühren. Die rohen Enten in die kalte Lake legen, so dass sie bedeckt sind. Eine Woche kühl stellen. Dann herausnehmen und kalt abspülen.

2. In frischem Wasser 1 1/2 bis 2 Stunden kochen. Aufgeschnitten servieren und mit verschiedenen Gemüsen anrichten.

3. Hierfür das Gemüse putzen und in mundgerechte Stücke schneiden. In einem weiten Topf die Butter schmelzen, das Gemüse hinzufügen und bei geschlossenem Deckel gar dünsten. Eventuell etwas Wasser hinzufügen und nach Geschmack leicht mit Salz würzen.

4. Dazu servieren Sie Meerrettichsahne und zerlassene Butter.

Dänische gepökelte Ente

Ente *gut, alles gut!*

Zutaten für 4 Personen

1 Flugente (2,5 kg)
Salz, Pfeffer
200 g Enten- oder
Gänseleber
250 g Schweinefleisch
1 Ei
1 kleiner Trüffel
2 EL Semmelbrösel
Zimt

1. Die Ente waschen, trocknen, innen und außen mit Pfeffer und Salz einreiben. Die Leber putzen, waschen und trockentupfen. Schweinefleisch würfeln und beides durch den Fleischwolf drehen. Den Trüffel fein würfeln und unterrühren. Ei, Semmelbrösel, Pfeffer, Salz und einen Hauch Zimt dazugeben. Die Masse in die Ente füllen, die Ente mit Holzstäbchen verschließen oder zunähen.

2. Die Ente auf den Rost setzen (Brust nach unten) und im vorgeheizten Backofen bei 225° C 30 Minuten braten. Die Saftpfanne mit etwas Wasser gefüllt unter die Ente schieben. Die Ente nach 30 Minuten wenden und weitere 40 Minuten braten, zum Schluss, falls nötig, mit Alufolie abdecken.

3. Während des Bratens ab und zu mit einer Nadel anstechen, damit das Fett ablaufen kann, und hin und wieder mit Salzwasser bepinseln, damit die Ente knusprig wird. Die fertige Ente tranchieren, die Füllung separat dazu servieren.

Lachseier

6 hart gekochte, gepellte Eier
4 Scheiben Räucherlachs
2 EL Crème fraîche
1 TL Senf
1/2 Kopfsalat
1 EL Essig
Pfeffer, Salz
2 EL Öl
1 kleines Glas Lachs-Kaviar

1. Die abgekühlten Eier halbieren, das Eigelb in eine Schüssel geben, die Eihälften beiseite stellen. Zwei Scheiben Räucherlachs in Streifen schneiden und mit der Crème fraîche, dem Senf und dem Eigelb pürieren. Die Masse in einen Spritzbeutel füllen und in die Eihälften spritzen.

2. Den Kopfsalat in sehr feine Streifen schneiden. Essig und Öl mit Pfeffer und Salz verrühren, die Kopfsalatstreifen darin wenden und auf vier Teller verteilen. Je drei Eihälften darauf setzen. Den restlichen Lachs in Streifen schneiden und über dem Salat verteilen. Mit dem Lachs-Kaviar garnieren.

Tipp:
Enteneier bieten sich hier als besondere Variante für die Lachseier an. Die Enteneier gut abwaschen und mindestens 10 Minuten lang kochen.

Gans schön lecker!

Zutaten für 4 Personen

Für die Kartoffelplätzchen:

600 g mehlig kochende Kartoffeln
100 g australische Macadamianüsse
1 Bund glatte Petersilie
1 Topf Koriander
1 Topf Minze
1 Ei
50 g Mehl
Salz
30 g Butterschmalz

Für die Gänsebrust:

1 Gänsebrustfilet (600 g)
1 kleines Stück Ingwer
1 Knoblauchzehe
1 Chilischote
Saft und Schale von 1 Limette
Saft von 1 Orange
3 TL Honig
2 EL Sojasoße
1 Hokkaido-Kürbis (800 g)
200 g Zuckerschoten
2 EL Öl
Salz
100 ml Geflügelfond

1. Die Kartoffeln schälen, waschen und in leicht gesalzenem Wasser garen. In der Zwischenzeit die Macadamianüsse hacken und in einer beschichteten Pfanne goldbraun rösten. 2 EL beiseite stellen. Petersilie, Koriander und Minze waschen, trockentupfen und fein schneiden.

2. Die Kartoffeln abgießen und durch eine Kartoffelpresse drücken. Ei, Kräuter, Mehl, Macadamianüsse und Salz zufügen. Alles zu einem Teig verkneten.

3. Das Gänsebrustfilet waschen, trockentupfen und die Haut kreuzweise mit einem scharfen Messer einschneiden. Ingwer und Knoblauch schälen und die Chilischote entkernen. Ingwer, Knoblauch und Chili sehr fein hacken, mit Limettenschale und -saft, Orangensaft, Honig und Sojasoße zu einer Marinade verrühren.

4. Den Hokkaido-Kürbis schälen, entkernen und das Fruchtfleisch würfeln. Die Zuckerschoten waschen und abtropfen lassen.

5. Öl in einer Pfanne erhitzen und die Gänsebrust darin rundherum ca. 10 Minuten anbraten. Die Gänsebrust mit der Hautseite nach oben in einen Bräter geben. Leicht salzen.

6. Die Kürbiswürfel in 1 EL Gänsebratfett 3–4 Minuten anbraten. Die Zuckerschoten zufügen und das Gemüse um die Gänsebrust geben. Marinade über das Gemüse und die Gänsebrust gießen und den Hühnerfond dazugeben. Im gut vorgeheizten Backofen bei 200° C ca. 15–20 Minuten weiterbraten.

7. Inzwischen mit bemehlten Händen aus dem Kartoffel-Macadamiateig kleine Plätzchen formen. Das Butterschmalz erhitzen und die Plätzchen auf beiden Seiten goldbraun braten.

8. Die Gänsebrust in Scheiben schneiden, mit den Kartoffel-Macadamiaplätzchen und dem Gemüse anrichten. Mit Macadamianüssen bestreuen.

Ingwer-Honig-Gänsebrust mit Kartoffelplätzchen

Gans schön lecker!

Zutaten für 4 Personen

4 Gänsekeulen (ca. 1 kg)
Salz
6 EL Zucker
2 Zwiebeln
2 Lorbeerblätter
1 EL Pfefferkörner
1 EL Wacholderbeeren
1 EL Senfkörner
4 EL Essig
2 TL Speisestärke

1. Die Gänsekeulen in einem großen Topf knapp mit Wasser bedecken und zum Kochen bringen. Salz, 4 EL Zucker, halbierte Zwiebeln, Lorbeerblätter, Essig und Gewürze dazugeben und alles bei milder Hitze zwei Stunden kochen.

2. Abkühlen lassen, am besten über Nacht. Am nächsten Tag das Fett mit einer Schaumkelle abschöpfen und in einer Pfanne erhitzen.

3. Die abgetropften Keulen hineingeben, mit 2 EL Zucker bestreuen und in dem heißen Fett rundherum goldbraun braten.

4. 1/4 l Brühe abschöpfen, aufkochen und mit der angerührten Speisestärke binden. Die fertigen Keulen auf Teller verteilen, mit dem Sud beschöpfen und mit Bratkartoffeln servieren.

Tipp:
Wenn Sie die restliche Kochflüssigkeit durch ein feines Sieb geben, erhalten Sie eine klare Gänsebrühe, die Sie mit einer Einlage nach Wahl verfeinern können, z. B. mit Grießklößchen oder Eierstich.

Gans schön lecker!

Zutaten für 6–8 Personen

500 g Kastenweißbrot
125 g Butter
1/2 l Schlagsahne
2 Bund glatte Petersilie
150 g Walnüsse
5 Eier
Salz
Pfeffer
1/2 TL Zimt
1 Gans (6 kg, küchenfertig)
1 kg kleine Zwiebeln
3–4 EL dunkler Soßenbinder

1. Das Weißbrot 3 cm groß würfeln und in der geschmolzenen Butter wenden. Auf einem Backblech bei 200° C in etwa 10 Minuten goldbraun rösten und in eine Schüssel geben. Die Sahne erwärmen, über das Brot gießen, durchrühren und etwas abkühlen lassen.

2. Die Petersilie und die Walnusskerne grob hacken, mit den Eiern unterkneten, mit Salz, Pfeffer und Zimt würzen. In die gewaschene und gesalzene Gans füllen, mit Rollgarn zubinden.

3. Die Gans in der Saftpfanne bei 250° C (Gas 5) auf der 2. Schiene von unten 1/2 Stunde braten. Auf 175° C (Gas 2) herunterschalten und zwei Stunden weiterbraten.

4. Inzwischen die Zwiebeln pellen und längs vierteln. Das ausgetretene Fett von der Saftpfanne so weit wie möglich abgießen, die Zwiebeln um die Gans verteilen und 1/2 Stunde weiterbraten. Dann die Gans auf ein Backblech setzen und etwa 20 Minuten bei 225° C (Gas 4) knusprig überbräunen.

5. Inzwischen die Röststoffe von der Saftpfanne mit einem Pinsel und 1 l kochendem Wasser lösen und in einen Topf umgießen. Bei starker Hitze ohne Deckel auf 3/4 l Bratenfond einkochen und mit dem Soßenpulver binden. 2–3 EL Gänsefett unterrühren, nachwürzen und zur tranchierten Gans servieren.

Tipp:
Hierzu passt ein mit Äpfeln und Nelken abgerundetes Rotkraut.

Gans mit Semmelknödelfüllung und Zwiebelsoße

Fasan kommt gut an!

Zutaten für 2 Personen

300 g Fasanenbrust
verschiedene Salate
2 Schalotten
50 g Pfifferlinge
50 g Champignons
1 EL Olivenöl
1 EL Senf
2 EL Balsamicoessig
3 EL Olivenöl
Zucker
Salz
Pfeffer

1. Die Salate verlesen, waschen und abtropfen lassen. Den Salat auf vier Tellern verteilen.

2. Die Pfifferlinge und die Champignons putzen, die Champignons in Scheiben schneiden. Die Schalotten schälen und in kleine Würfel schneiden.

3. 1 EL Olivenöl in einer Pfanne erhitzen und die Fasanenbrust von beiden Seiten ca. drei Minuten braten. Die Fasanenbrust aus der Pfanne nehmen und warm stellen.

4. Die Champignons und die Pfifferlinge in die Pfanne geben und braten. Die Pilze auf dem Salat verteilen.

5. In der gleichen Pfanne die Schalotten anbraten, dann den Balsamicoessig, das Olivenöl, den Senf, den Zucker, das Salz und den Pfeffer einrühren und abschmecken.

6. Die Fasanenbrust in Streifen schneiden und auf dem Salat anrichten. Die Marinade darüber löffeln und das Ganze servieren.

7. Besonders schön sieht dieser Salat aus, wenn Sie ihn mit Kapuzinerkresse dekorieren.

Fasan kommt gut an!

Zutaten für 2–4 Personen

1 Fasan
1 Bund gemischte Kräuter
2 Knoblauchzehen
2 kg Salz
80 g Mehl
80 g Speisestärke
200 g Eiweiß

1. Den Fasan waschen, trockentupfen. Die Kräuter abbrausen, ausschütteln und mit dem Knoblauch in den Fasan geben.

2. Das Eiweiß steif schlagen, mit dem Salz, dem Mehl und der Speisestärke vermischen.

3. Ein Backblech mit Backpapier auslegen. 1/3 des Teiges in der Größe des Fasans auf das Backpapier streichen, den Fasan darauf setzen und ihn mit dem Rest des Teiges vollständig einhüllen.

4. Den Fasan im vorgeheizten Backofen bei 180° C ca. 1 1/2 Stunden backen.

5. Den Fasan aus dem Ofen nehmen, ca. 5–10 Minuten abkühlen lassen, die Salzkruste mit einem Hammer zerschlagen und den Fasan servieren.

Tipp:
Dazu passt z. B. in leicht angebratenen Speckwürfelchen geschwenkter Rosenkohl.

Rebhuhn *frisch auf den Tisch!*

Zutaten für 4 Personen

4 Rebhühner
3 EL Butterschmalz
500 g Schalotten
200 g Cocktailtomaten
3 EL Olivenöl
4 EL brauner Zucker
6 EL Balsamicoessig
3 EL Zitronensaft
Salz
Pfeffer

1. Die Rebhühner bratfertig machen, innen und außen mit Salz und Pfeffer würzen. Das Butterschmalz in eine Bratform geben, die Rebhühner hineinlegen und im vorgeheizten Backofen bei 180° C ca. 45 Minuten braten.

2. Das Geflügel immer wieder mit dem entstandenen Bratensaft übergießen.

3. Die Schalotten schälen, größere zerteilen. Die Tomaten waschen und trockentupfen.

4. Das Olivenöl in einer Pfanne erhitzen, die Schalotten darin acht Minuten braten. Den Zucker darüber streuen und karamellisieren. Mit dem Balsamicoessig ablöschen.

5. Den Zitronensaft dazugeben, mit Salz und Pfeffer würzen. Die Cocktailtomaten zu den Zwiebeln geben und ca. drei Minuten ziehen lassen.

6. Das Gemüse auf vier Tellern verteilen und je ein Rebhuhn darauf setzen.

Tipp:
Rebhuhn gehört zu den Geflügelarten, die Sie frisch nur saisonabhängig kaufen können. Sprechen Sie am besten mit Ihrem Metzger oder Wildlieferanten und denken Sie an eine rechtzeitige Vorbestellung.

Rebhuhn auf Balsamico-Schalotten

Rebhuhn *frisch auf den Tisch!*

Zutaten für 4 Personen

4 Rebhühner
3 EL Bratfett
1 Glas eingelegte Esskastanien
50 g Butter
1 EL Zucker
1/4 l Gemüsebrühe
1 Becher süße Sahne
2 cl Weinbrand
1 Zweig Thymian
1 Packung Wildreis
Salz
Pfeffer

1. Die Rebhühner bratfertig machen, mit Salz und Pfeffer würzen. Die Rebhühner mit dem Bratfett in eine Bratform geben und im vorgeheizten Backofen bei 180° C ca. 45 Minuten braten. Übergießen nicht vergessen.

2. Den Wildreis nach Packungsanweisung kochen.

3. Die Esskastanien durch ein Sieb abschütten. Die Butter in einem Topf schmelzen, die Hälfte der Kastanien mit dem Zucker darin karamellisieren.

4. Mit der Sahne und der Gemüsebrühe aufgießen, den Thymianzweig hineingeben, ca. sieben Minuten köcheln lassen, den Thymianzweig aus der Soße nehmen.

5. Die Kastaniensoße mit einem Pürierstab pürieren und mit dem Weinbrand, Salz und Pfeffer abschmecken. Die restlichen Kastanien in die Soße geben und nochmals erwärmen.

6. Die Rebhühner aus dem Ofen nehmen, zusammen mit der Soße und dem Wildreis servieren.

Rebhuhn mit Kastaniensoße

Beachten Sie *Wachteln!*

Zutaten für 4 Personen

4 Wachteln
Salz
Pfeffer
200 g Speck in Scheiben
1 EL Butterschmalz

Für die Fülle:

100 g Toastbrot
40 g Butter
1 Schalotte
2 Eier
100 g Geflügelleber
1/2 Bund Petersilie
Salz
Pfeffer

Für die Soße:

200 g Trauben
1/4 l Weißwein
1 TL Speisestärke
1 EL Zucker
Salz
Pfeffer

1. Die Petersilie abbrausen, ausschütteln und die Blätter von den Stielen zupfen. Die Schalotte schälen und würfeln. Die Geflügelleber in kleine Stücke schneiden, mit der Schalotte und der Petersilie in eine Küchenmaschine geben und fein pürieren.

2. Das Toastbrot in Würfel schneiden, die Butter in einer Pfanne schmelzen und die Brotwürfel darin goldbraun rösten. Die gerösteten Brotwürfel mit den Eiern und der Geflügelleber vermengen, mit Salz und Pfeffer würzen, ca. 15 Minuten ziehen lassen.

3. Die Wachteln bratfertig machen, mit Salz und Pfeffer würzen. Die Fülle in die Wachteln geben und die Öffnung mit einem Zahnstocher verschließen.

4. Die Wachteln mit dem Speck umwickeln, mit dem Butterschmalz in einen Brattopf geben und im vorgeheizten Backofen bei 180° C ca. 40 Minuten braten.

5. Die Weintrauben waschen, halbieren und größere Kerne entfernen.

6. Die Wachteln aus dem Ofen nehmen und warm stellen. Den Weißwein in den Bratenfond gießen und damit ablöschen. Die Speisestärke mit etwas Wasser glatt rühren, in die Soße einrühren und aufkochen lassen. Die Weintrauben dazugeben, mit Zucker, Salz und Pfeffer abschmecken.

7. Die Wachteln auf der Weintraubensoße servieren.

80

Gefüllte Wachteln im Speckmantel

Strauß in Saus und Braus!

Zutaten für 4 Personen

4 Straußenschnitzel
2 Eier, 4 EL Mehl
4 EL Sesamsaat
Bratfett, Salz, Pfeffer

Für das Paprika-Curry:

2 rote und 2 gelbe Paprikaschoten
2 Zwiebeln
4 Knoblauchzehen
3 EL Olivenöl
100 g gestiftelte Mandeln
1 TL gemahlener Koriander
1 TL gemahlener Kreuzkümmel
1 TL gemahlener Kardamom
2 EL Currypulver
400 ml Hühnerbrühe
100 ml süße Sahne
1 Bund Petersilie
Salz
Pfeffer

1. Die Paprikaschoten waschen, halbieren, vierteln, entkernen und in Streifen schneiden. Zwiebeln und Knoblauch schälen und in feine Streifen schneiden.

2. Das Olivenöl in einem Topf erhitzen. Paprikastreifen, Zwiebeln, Mandeln und Knoblauch darin ca. drei Minuten anbraten. Dann mit der Brühe aufgießen, Koriander, Kreuzkümmel, Kardamom und Currypulver dazugeben.

Bei mittlerer Hitze ca. 8–10 Minuten kochen lassen. Die Petersilie abbrausen, trockenschütteln, von den Stielen zupfen und über das Gemüse geben. Die Sahne zum Paprika-Curry geben, alles verrühren und mit Salz und Pfeffer abschmecken.

3. Da Straußenfleisch nur als Steaks in den Handel kommt, muss es einmal längs halbiert werden, damit man zwei dünne Schnitzel erhält. Die Schnitzel mit Salz und Pfeffer würzen. Das Mehl in einen Teller geben. Die Eier aufschlagen und in einem zweiten Teller verquirlen. Die Sesamsaat ebenfalls in einen Teller geben. Die Schnitzel nacheinander im Mehl, den verquirlten Eiern und dem Sesam wenden. In einer Pfanne das Bratfett erhitzen und darin die Schnitzel jeweils ca. fünf Minuten von beiden Seiten braten.

Tipp: Dazu passt Basmatireis.

Straußenschnitzel mit Paprika-Curry

Register

Wir danken folgenden Firmen für ihre
freundliche Unterstützung:

Gesellschaft für Europäische Kommunikation mbH
  Aalborg Jubiläums Aquavit 57, 63, 65
  Malteserkreuz Aquavit 69, 71

CMA Deutsche Butter 37, 39

Food in Wort & Bild, Sigmarszell 13, 19, 21, 35,
  73, 75, 77, 79, 81, 83

GF Pressedienst
  Surig-Essig-Essenz 15, 45, 51

Informationsbüro Australische Macadamias 53, 67

Ketchum GmbH
  Almond Board of California 33, 41
  Californische Mandeln 27
  CMA Butterschmalz 23, 49
  CMA Deutsche Butter 25
  Kikkoman 29, 43, 47, 61
  Meggle 31, 59
  Zespri GOLD Kiwifruit 55
  Zespri GREEN Kiwifruit 17

© 2004 SAMMÜLLER KREATIV GmbH

Genehmigte Lizenzausgabe
EDITION XXL GmbH
Reichelsheim 2004

Layout und Satz: Mathias Weil